matinas

EMPREENDEDORISMO E INOVAÇÃO: AS CHAVES PARA O FUTURO.

sumário

Introdução:

Nos últimos anos, tem havido uma crescente valorização do empreendedorismo e da inovação no mundo dos negócios. Empresas inovadoras e empreendedores bem-sucedidos têm sido reconhecidos como as principais forças motrizes da economia global. Empreender e inovar são essenciais para alcançar o sucesso nos negócios em um mundo altamente competitivo e em constante mudança.

Empreendedorismo é a habilidade de identificar oportunidades de negócios e transformá-las em empreendimentos bem-sucedidos. Já a inovação é a capacidade de criar e implementar ideias novas e únicas que agregam valor aos negócios. Quando combinados, o empreendedorismo e a inovação têm o potencial de transformar a forma como fazemos negócios, impulsionar o crescimento econômico e resolver problemas sociais complexos.

Neste ebook, exploraremos a importância do empreendedorismo e inovação para o sucesso nos negócios. Discutiremos o papel do empreendedorismo e inovação na criação de negócios de sucesso, além de apresentar dicas práticas para empreendedores e líderes empresariais que desejam inovar e se manter à frente da concorrência.

Este ebook é ideal para empreendedores iniciantes, líderes empresariais, investidores e qualquer pessoa interessada em aprender mais sobre empreendedorismo e inovação nos negócios. Vamos mergulhar juntos nesse mundo fascinante do empreendedorismo e inovação e descobrir as chaves para o sucesso nos negócios!

O que é empreendedorismo e inovação e por que eles são importantes

Empreendedorismo é a capacidade de identificar oportunidades de negócios, reunir os recursos necessários e criar uma empresa ou organização que possa transformar essas oportunidades em realidade. Já a inovação refere-se ao desenvolvimento de novas ideias, produtos, serviços ou processos que criem valor para os clientes e a sociedade em geral.

O empreendedorismo e a inovação são importantes porque promovem o crescimento econômico e a criação de empregos, além de estimular a concorrência e a melhoria dos produtos e serviços oferecidos aos clientes. O empreendedorismo também pode ser uma fonte de soluções criativas para problemas sociais e ambientais, além de contribuir para o desenvolvimento de comunidades e regiões. A inovação, por sua vez, pode gerar avanços significativos em áreas como a saúde, a tecnologia, a sustentabilidade e a qualidade de vida em geral. Em resumo, o empreendedorismo e a inovação são essenciais para impulsionar o progresso e o bem-estar em nossas sociedades.

A importância dos três primeiros meses de um nova loja ou empreendimento

os primeiros três meses de uma nova loja ou empreendimento são críticos para o sucesso a longo prazo do negócio. Durante esse período, é importante estabelecer uma base sólida para o negócio e criar uma reputação positiva entre os clientes. Aqui estão algumas razões pelas quais os primeiros três meses são tão importantes:

1. Estabelecimento da base: Nos primeiros três meses, você estará estabelecendo os fundamentos do seu negócio. Isso inclui a criação de um plano de negócios, estabelecimento de fornecedores, seleção de produtos, construção de um site ou loja física e criação de um plano de marketing. Tudo isso deve ser feito corretamente para que o negócio tenha sucesso a longo prazo.

2. Criação de uma reputação: Durante os primeiros três meses, você estará criando sua reputação entre os clientes. Isso inclui a qualidade do atendimento ao cliente, a qualidade dos produtos ou serviços oferecidos e a experiência geral do cliente em sua loja. É importante lembrar que a reputação de sua empresa pode afetar significativamente seu sucesso a longo prazo.

3. Avaliação do desempenho: Durante os primeiros três meses, você estará avaliando o desempenho do seu negócio. Isso inclui o monitoramento das vendas, receita e despesas. Você deve estar atento às áreas em que seu negócio está indo bem e às áreas em que pode haver oportunidades de melhoria.

4. Adaptação e melhoria contínua: É importante que você esteja disposto a se adaptar e a melhorar continuamente durante os primeiros três meses. Isso significa estar aberto a feedback dos clientes e a fazer mudanças necessárias para melhorar a experiência do cliente e aumentar as vendas.

Em resumo, os primeiros três meses de uma nova loja ou empreendimento são críticos para estabelecer uma base sólida para o negócio, criar uma reputação positiva, avaliar o desempenho e se adaptar e melhorar continuamente. É importante estar atento a esses fatores e fazer o necessário para garantir o sucesso a longo prazo do seu negócio.

capítulo 1

Empreendedorismo: definições, tipos e características de empreendedores bem-sucedidos

O empreendedorismo é um termo amplo e multidimensional que engloba uma série de atividades e comportamentos associados à criação, desenvolvimento e gerenciamento de novos negócios. Em sua essência, o empreendedorismo é sobre a identificação de oportunidades de negócios e a utilização de recursos para transformá-las em empreendimentos lucrativos e bem-sucedidos.

Existem diferentes tipos de empreendedorismo, cada um com suas próprias características e objetivos. Os principais tipos de empreendedorismo incluem:

- **Empreendedorismo de oportunidade:** refere-se à identificação de uma oportunidade de negócio e à criação de um empreendimento com o objetivo de aproveitar essa oportunidade.

- **Empreendedorismo de necessidade:** surge como resposta a uma necessidade imediata, como a falta de emprego ou de fontes de renda, levando à criação de um negócio como forma de sobrevivência.

- **Empreendedorismo social:** tem como objetivo resolver problemas sociais complexos, criando empreendimentos que tenham um impacto positivo na sociedade.

- **Intraempreendedorismo:** ocorre dentro de uma empresa já existente, com o objetivo de criar novos negócios ou projetos inovadores.

Características comuns dos empreendedores bem-sucedidos incluem:

- **Visão de futuro:** empreendedores bem-sucedidos têm uma visão clara do futuro e sabem para onde querem levar seus negócios.

- **Criatividade:** são capazes de pensar for a da caixa, gerando ideias inovadoras que lhes permitem se destacar no mercado.

- **Persistência:** são resilientes e persistentes, superando os obstáculos e desafios que surgem ao longo do caminho.

- **Orientação para resultados:** estão focados em atingir seus objetivos e são capazes de trabalhar duro para alcançá-los.

- **Habilidade de liderança:** são bons líderes, capazes de motivar e inspirar suas equipes para alcançar resultados excepcionais.

Compreender essas definições, tipos e características do empreendedorismo é fundamental para quem deseja se tornar um empreendedor bem-sucedido. No próximo capítulo,

exploraremos a importância da inovação no empreendedorismo e como ela pode impulsionar o sucesso nos negócios.

capítulo 1.1

As características e habilidades do empreendedor inovador

podem variar de acordo com o contexto e o setor em que ele atua, mas algumas das mais comuns incluem:

1. Visão: capacidade de identificar oportunidades de mercado e visualizar o futuro da empresa.
2. Criatividade: habilidade para gerar ideias inovadoras e encontrar soluções criativas para problemas complexos.
3. Autoconfiança: crença em si mesmo e em sua capacidade de realizar seus objetivos.
4. Capacidade de liderança: habilidade para liderar e inspirar uma equipe, transmitindo sua visão e motivando seus colaboradores.
5. Adaptabilidade: capacidade de se adaptar às mudanças e às novas demandas do mercado.
6. Resiliência: capacidade de lidar com fracassos e adversidades, aprender com eles e seguir em frente.
7. Networking: habilidade para construir e manter relacionamentos importantes com clientes, fornecedores, investidores e outros empreendedores.
8. Habilidade de negociação: habilidade para negociar acordos e contratos de forma justa e benéfica para todas as partes envolvidas.
9. Conhecimento técnico: conhecimento profundo do setor em que atua, incluindo tendências, desafios e tecnologias emergentes.
10. Orientação para resultados: foco em resultados e capacidade de estabelecer metas e objetivos claros e alcançáveis.

Em resumo, o empreendedor inovador deve ter uma combinação de habilidades técnicas, sociais e emocionais, além de uma mentalidade criativa e de liderança, para aproveitar as oportunidades e transformar sua visão em realidade

capítulo 2

Como identificar oportunidades e problemas no mercado

Identificar oportunidades e problemas no mercado é um processo contínuo que requer observação, análise e criatividade. Algumas etapas que podem ajudar nesse processo são:

1. Observação do mercado: acompanhar as tendências do mercado, as mudanças no comportamento do consumidor e as novas tecnologias e produtos que surgem.
2. Análise de dados: utilizar ferramentas de análise de dados, como pesquisas de mercado e análise de concorrência, para identificar lacunas no mercado ou problemas não resolvidos.
3. Pesquisa de clientes: conversar com clientes e potenciais clientes para entender suas necessidades, desejos e problemas.
4. Identificação de problemas: buscar problemas não resolvidos ou insatisfações dos clientes, que podem ser transformados em oportunidades de negócio.
5. Observação da concorrência: observar as estratégias da concorrência e buscar formas de se diferenciar e inovar.
6. Identificação de tendências: buscar tendências emergentes no mercado, como novas tecnologias, mudanças no comportamento do consumidor ou novas oportunidades de nicho.
7. Participação em eventos do setor: participar de feiras, conferências e outros eventos do setor para se manter atualizado e identificar oportunidades.

Em resumo, identificar oportunidades e problemas no mercado requer um processo constante de observação, análise e criatividade, utilizando diversas ferramentas e recursos disponíveis.

capítulo 2.2

Inovação: tipos de inovação, como inovar e a importância da inovação para o sucesso empresarial

Identificar oportunidades e problemas no mercado é um processo contínuo que requer observação, análise e criatividade. Algumas etapas que podem ajudar nesse processo são:

1. **Observação do mercado:** acompanhar as tendências do mercado, as mudanças no comportamento do consumidor e as novas tecnologias e produtos que surgem.
2. **Análise de dados:** utilizar ferramentas de análise de dados, como pesquisas de mercado e análise de concorrência, para identificar lacunas no mercado ou problemas não resolvidos.
3. **Pesquisa de clientes:** conversar com clientes e potenciais clientes para entender suas necessidades, desejos e problemas.
4. **Identificação de problemas:** buscar problemas não resolvidos ou insatisfações dos clientes, que podem ser transformados em oportunidades de negócio.
5. **Observação da concorrência:** observar as estratégias da concorrência e buscar formas de se diferenciar e inovar.
6. **Identificação de tendências:** buscar tendências emergentes no mercado, como novas tecnologias, mudanças no comportamento do consumidor ou novas oportunidades de nicho.
7. **Participação em eventos do setor:** participar de feiras, conferências e outros eventos do setor para se manter atualizado e identificar oportunidades.

Em resumo, identificar oportunidades e problemas no mercado requer um processo constante de
observação, análise e criatividade, utilizando diversas ferramentas e recursos disponíveis.

Inovação:

tipos de inovação, como inovar e a importância da inovação para o sucesso empresarial
A inovação é um dos principais fatores que impulsionam o sucesso empresarial. A capacidade de criar e implementar ideias novas e únicas é essencial para manter a competitividade e a relevância no mercado. Mas o que é inovação?

Inovação é o processo de desenvolver e implementar ideias novas e únicas que geram valor para os negócios. Existem diferentes tipos de inovação, que podem ser classificados em quatro categorias principais:

- **Inovação incremental:** refere-se a melhorias graduais e contínuas em produtos ou serviços existentes.
- **Inovação disruptiva:** ocorre quando uma nova tecnologia ou ideia interrompe e substitui os produtos ou serviços existentes no mercado.
- **Inovação de processo:** envolve mudanças nos processos de produção ou operacionais de uma empresa para melhorar a eficiência ou reduzir custos.
- **Inovação radical:** refere-se a mudanças significativas e disruptivas em produtos, serviços ou processos de uma empresa, que podem mudar fundamentalmente a forma como as coisas são feitas.

- Para inovar, é necessário ter uma mentalidade aberta e criativa, além de estar disposto a assumir riscos calculados. Algumas estratégias para fomentar a inovação incluem:
-
- Estimular a criatividade e a experimentação: encorajar os colaboradores a pensar em novas ideias e experimentar soluções inovadoras.
- Investir em pesquisa e desenvolvimento: dedicar recursos para a pesquisa e desenvolvimento de novas tecnologias e ideias.
- Observar a concorrência: analisar as tendências e inovações dos concorrentes pode inspirar novas ideias para a empresa.
- Trabalhar com parceiros externos: colaborar com empresas, universidades ou startups pode trazer novas perspectivas e conhecimentos para a empresa.
-
- A importância da inovação para o sucesso empresarial é indiscutível. A inovação pode ajudar as empresas a se diferenciarem no mercado, aumentarem sua eficiência, melhorarem a qualidade dos produtos e serviços, conquistarem novos mercados e aumentarem sua lucratividade. Empresas que não investem em inovação correm o risco de ficarem para trás no mercado e perderem sua relevância.
-
- No próximo capítulo, exploraremos como o empreendedorismo e a inovação estão interligados e como os empreendedores podem usar a inovação para criar negócios de sucesso.
-

capítulo 3

Como desenvolver soluções criativas e viáveis para os clientes

Para desenvolver soluções criativas e viáveis para os clientes, é necessário seguir algumas etapas importantes:

1. Entender as necessidades dos clientes: é essencial entender as necessidades e desejos dos clientes, por meio de pesquisas, entrevistas e outras ferramentas de análise de mercado.
2. Analisar as informações: uma vez que as necessidades dos clientes foram identificadas, é preciso analisar as informações coletadas para encontrar padrões e oportunidades.
3. Gerar ideias criativas: com base nas informações coletadas, é hora de gerar ideias criativas e inovadoras para atender às necessidades dos clientes. Isso pode ser feito em equipe, por meio de sessões de brainstorming, por exemplo.
4. Selecionar as ideias mais viáveis: nem todas as ideias geradas serão viáveis do ponto de vista econômico ou técnico, por isso é importante avaliar e selecionar as ideias mais promissoras.
5. Testar e validar as ideias: antes de investir recursos para implementar uma ideia, é importante testá-la e validá-la com os clientes e outros stakeholders, para garantir que ela realmente atenda às suas necessidades.
6. Desenvolver um plano de ação: com a ideia validada, é hora de desenvolver um plano de ação detalhado, definindo metas, cronogramas, recursos e responsabilidades.

Implementar e monitorar a solução: finalmente, é hora de implementar a solução e monitorar os resultados, para avaliar sua eficácia e fazer ajustes conforme necessário.

Em resumo, para desenvolver soluções criativas e viáveis para os clientes, é necessário um processo estruturado e iterativo, que começa com a compreensão das necessidades dos clientes e termina com a implementação e monitoramento da solução.

capítulo 3.3

Identificando oportunidades de negócios: como encontrar e avaliar ideias inovadoras de negócios

Encontrar oportunidades de negócios inovadoras é fundamental para o sucesso dos empreendedores. A inovação pode ser a chave para criar um negócio diferenciado e com potencial de crescimento. Mas como identificar essas oportunidades?

Existem diversas estratégias para encontrar oportunidades de negócios inovadoras, incluindo:

- **Observar as tendências do mercado:** ficar atento às tendências e necessidades dos consumidores pode levar a ideias inovadoras de negócios.
- **Identificar problemas e necessidades não atendidas:** observar problemas e necessidades não atendidas nos mercados ou nas comunidades pode inspirar ideias inovadoras de negócios.
- **Identificar lacunas no mercado:** observar as lacunas deixadas pelos concorrentes pode revelar oportunidades de negócios inovadoras.
- **Participar de eventos e redes de empreendedorismo:** eventos e redes de empreendedorismo são excelentes oportunidades para conhecer outras pessoas com ideias inovadoras de negócios e se inspirar.
- **Pensar em soluções inovadoras para problemas existentes:** pensar em soluções criativas para problemas existentes pode levar a ideias inovadoras de negócios.

Uma vez identificadas as ideias de negócios inovadoras, é importante avaliá-las para determinar sua viabilidade e potencial de sucesso. Algumas perguntas que os empreendedores podem fazer para avaliar suas ideias de negócios incluem:

- **Existe um mercado para esse produto ou serviço?**
- **Qual é o potencial de crescimento do mercado?**
- **Existe alguma barreira à entrada nesse mercado?**
- **Qual é o custo para implementar essa ideia de negócio?**
- **Quem são os concorrentes e como minha ideia se diferencia deles?**
- **Como a minha ideia de negócio pode ser escalável?**

Ao avaliar suas ideias de negócios, os empreendedores podem determinar quais ideias têm o potencial de se tornarem negócios de sucesso e quais precisam ser descartadas ou ajustadas.

No próximo capítulo, discutiremos a importância da elaboração de um plano de negócios para transformar ideias de negócios inovadoras em realidade

capítulo 4

Como validar e testar as suas ideias

Validar e testar as ideias é fundamental para garantir que elas sejam viáveis e atendam às necessidades dos clientes. Algumas estratégias para validar e testar ideias são:

1. Pesquisas com clientes: realizar pesquisas com clientes para entender suas necessidades, desejos e opiniões sobre a ideia proposta.
2. Prototipagem: criar um protótipo da solução para testar sua funcionalidade e obter feedback dos usuários.
3. Testes de usabilidade: realizar testes de usabilidade com usuários para avaliar a facilidade de uso e identificar problemas.
4. Feedback de especialistas: obter feedback de especialistas na área para avaliar a viabilidade técnica e comercial da ideia.
5. Experimentos: realizar experimentos controlados para testar hipóteses relacionadas à ideia.
6. Análise de dados: analisar dados de mercado e de concorrentes para avaliar a viabilidade comercial da ideia.
7. Validar o modelo de negócios: avaliar o modelo de negócios proposto para garantir que seja sustentável e lucrativo.

É importante lembrar que a validação e teste de ideias devem ser um processo contínuo e iterativo, ou seja, as ideias devem ser constantemente revisadas e ajustadas com base no feedback dos clientes e dos dados coletados. Isso ajudará a garantir que a solução seja bem-sucedida e atenda às necessidades dos clientes.

capítulo 4.4

Desenvolvendo um modelo de negócios: como criar um modelo de negócios eficiente para seu empreendimento inovador

Um modelo de negócios é a forma como uma empresa gera receita e lucro. Desenvolver um modelo de negócios eficiente é essencial para o sucesso de um empreendimento inovador. Mas como criar um modelo de negócios eficiente?

Existem várias ferramentas que podem ajudar os empreendedores a criar um modelo de negócios eficiente, como o Business Model Canvas e o Lean Canvas. Essas ferramentas permitem que os empreendedores visualizem e planejem os principais elementos do modelo de negócios, incluindo:

- Proposta de valor: qual é o valor que a empresa oferece aos clientes?
-
- Segmento de clientes: quais são os tipos de clientes que a empresa atende?
-
- Canais de distribuição: como a empresa chega aos clientes?
-
- Relacionamento com clientes: como a empresa interage e se relaciona com os clientes?
-
- Fontes de receita: como a empresa gera receita?
-
- Recursos-chave: quais são os recursos necessários para a empresa operar?
-
- Atividades-chave: quais são as principais atividades da empresa?
-
- Parcerias principais: quais são as principais parcerias necessárias para o sucesso do negócio?
-
- Estrutura de custos: quais são os custos envolvidos na operação do negócio?
-

Ao preencher esses elementos, os empreendedores podem criar um modelo de negócios claro e eficiente que os ajuda a identificar as principais oportunidades e desafios do negócio.

Além disso, é importante que os empreendedores validem seus modelos de negócios por meio de testes e feedback dos clientes. Isso pode ajudá-los a identificar as falhas e oportunidades de melhoria em seu modelo de negócios antes de lançá-lo no mercado.

No próximo capítulo, discutiremos como os empreendedores podem financiar seus empreendimentos inovadores e obter recursos para transformar suas ideias em negócios viáveis.

capítulo 5

Como planejar e executar o seu projeto

Para planejar e executar um projeto de forma eficaz, é importante seguir alguns passos importantes:

1. Definir o objetivo do projeto: o primeiro passo é definir claramente qual é o objetivo do projeto e quais são os resultados esperados.
2. Identificar as etapas e tarefas: identificar as etapas necessárias para alcançar o objetivo do projeto e as tarefas necessárias em cada etapa.
3. Estabelecer um cronograma: definir um cronograma para o projeto, incluindo as datas de início e término de cada etapa e tarefa.
4. Alocar recursos: identificar os recursos necessários para executar o projeto, como pessoas, materiais e equipamentos, e alocá-los de forma eficiente.
5. Definir responsabilidades: atribuir responsabilidades para cada tarefa e garantir que todos os envolvidos entendam suas responsabilidades.
6. Gerenciar riscos: identificar os riscos do projeto e estabelecer um plano de contingência para minimizar seus impactos.
7. Monitorar e avaliar o progresso: monitorar regularmente o progresso do projeto e avaliar se as etapas e tarefas estão sendo executadas de acordo com o cronograma e orçamento estabelecidos.
8. Fazer ajustes conforme necessário: caso haja desvios em relação ao plano original, fazer ajustes no cronograma, alocar recursos adicionais ou tomar outras medidas para garantir que o projeto seja concluído com sucesso.

Ao planejar e executar um projeto de forma estruturada e com um plano bem definido, as chances de sucesso são maiores. Além disso, é importante manter uma comunicação aberta e eficaz entre os membros da equipe e outros stakeholders envolvidos no projeto.

capítulo 5.5

Financiamento: opções de financiamento para startups e empreendimentos inovadores

Uma das maiores barreiras para os empreendedores que desejam transformar suas ideias inovadoras em negócios viáveis é a falta de recursos financeiros. Felizmente, existem várias opções de financiamento disponíveis para startups e empreendimentos inovadores.

Aqui estão algumas opções de financiamento comuns para startups e empreendimentos inovadores:

1. **Investidores anjo:** são indivíduos ricos ou empresas que investem seu próprio dinheiro em startups em troca de uma participação na empresa. Os investidores anjo geralmente procuram oportunidades de investimento em empresas que tenham um grande potencial de crescimento.
2. **Capital de risco:** empresas de capital de risco investem dinheiro em startups em troca de uma participação acionária na empresa. O capital de risco é frequentemente utilizado por startups que estão em estágios iniciais de desenvolvimento e que necessitam de recursos para crescer.
3. **Crowdfunding:** é uma forma de financiamento coletivo que permite que as pessoas invistam pequenas quantias de dinheiro em um projeto ou empresa. O crowdfunding pode ser uma forma eficaz de levantar capital para startups e empreendimentos inovadores.
4. **Incubadoras e aceleradoras:** são organizações que oferecem recursos e orientação para startups em troca de uma participação na empresa. As incubadoras e aceleradoras podem oferecer orientação, treinamento, espaço de escritório e outras vantagens para ajudar as startups a crescerem.
5. **Empréstimos bancários:** as startups também podem obter financiamento por meio de empréstimos bancários. No entanto, as startups podem enfrentar desafios para obter empréstimos, já que muitas vezes não têm histórico financeiro ou ativos significativos para servir como garantia.

Cada opção de financiamento tem suas vantagens e desvantagens, e cabe aos empreendedores avaliar qual é a melhor opção para o seu negócio. É importante que os empreendedores estejam preparados para apresentar um plano de negócios claro e convincente para os investidores, além de ter um sólido entendimento de como o dinheiro será utilizado para impulsionar o crescimento e o sucesso da empresa.

capítulo 6

como lidar com os desafios e riscos do empreendedorismo

O empreendedorismo é uma jornada repleta de desafios e riscos. Algumas estratégias para lidar com esses desafios e riscos são:

1. Ter um plano de negócios: um plano de negócios bem estruturado ajuda a identificar os riscos e desafios do empreendimento e como enfrentá-los. O plano deve conter uma análise de mercado, um plano financeiro e uma estratégia de marketing.
2. Manter o foco nos objetivos: é importante manter o foco nos objetivos do empreendimento, mesmo em meio aos desafios e riscos.
3. Estabelecer parcerias: estabelecer parcerias com outras empresas ou empreendedores pode ajudar a dividir os riscos e compartilhar conhecimento e recursos.
4. Ter uma rede de apoio: ter uma rede de apoio de amigos, familiares ou mentores que possam oferecer suporte emocional e orientação pode ajudar a lidar com os desafios do empreendedorismo.
5. Aprender com os erros: os erros fazem parte do processo empreendedor e podem ser uma oportunidade de aprendizado. É importante analisar as falhas e aprender com elas para evitar cometer os mesmos erros no futuro.
6. Manter-se atualizado: estar atualizado com as tendências e inovações do mercado pode ajudar a identificar oportunidades e antecipar riscos.
7. Ser resiliente: a resiliência é fundamental para enfrentar os desafios e riscos do empreendedorismo. É importante não desistir diante das dificuldades e buscar soluções criativas para superar os obstáculos.

Em resumo, lidar com os desafios e riscos do empreendedorismo requer um plano bem estruturado, foco nos objetivos, parcerias estratégicas, uma rede de apoio, aprendizado com os erros, atualização constante e resiliência.

capítulo 6.6

Gerenciamento de riscos: como gerenciar riscos e incertezas no empreendedorismo e inovação

O empreendedorismo e a inovação estão inevitavelmente associados ao risco e à incerteza. Os empreendedores precisam ser capazes de identificar, avaliar e gerenciar esses riscos e incertezas para maximizar as chances de sucesso de seus negócios.

Aqui estão algumas estratégias para gerenciar riscos e incertezas no empreendedorismo e inovação:

1. Identifique e avalie os riscos: é importante que os empreendedores identifiquem e avaliem os riscos associados ao seu negócio. Isso pode incluir riscos financeiros, regulatórios, de mercado, tecnológicos e outros. Ao avaliar esses riscos, os empreendedores podem desenvolver estratégias para mitigá-los ou evitá-los.
2. Diversifique seus riscos: diversificar os riscos significa espalhar seus investimentos e recursos em várias áreas ou projetos. Dessa forma, se um projeto falhar ou enfrentar problemas, os empreendedores ainda terão outros projetos para gerar receita e minimizar as perdas.
3. Planeje para diferentes cenários: é importante que os empreendedores tenham planos de contingência para diferentes cenários, incluindo cenários pessimistas e otimistas. Isso permite que os empreendedores se preparem para diferentes resultados e estejam prontos para lidar com as mudanças.
4. Monitore constantemente: é importante que os empreendedores monitorem constantemente o desempenho de seu negócio e estejam preparados para tomar medidas corretivas caso algo dê errado. Isso pode incluir a revisão regular do plano de negócios, a análise de desempenho financeiro e a avaliação do mercado.
5. Esteja preparado para assumir riscos calculados: o empreendedorismo envolve assumir riscos, mas os empreendedores devem estar preparados para assumir riscos calculados. Isso significa que os empreendedores devem avaliar cuidadosamente os riscos e as oportunidades antes de tomar uma decisão.

Em resumo, o gerenciamento de riscos é uma parte essencial do empreendedorismo e inovação. Os empreendedores precisam ser capazes de identificar, avaliar e gerenciar os riscos e incertezas associados ao seu negócio para maximizar suas chances de sucesso.

capítulo 7

Como divulgar e vender o seu produto ou serviço

Para divulgar e vender um produto ou serviço, é importante seguir algumas estratégias de marketing. Algumas dicas são:

1. Definir o público-alvo: é importante definir o público-alvo para direcionar as estratégias de marketing de forma eficaz.
2. Criar uma marca forte: ter uma marca forte ajuda a criar uma imagem positiva do produto ou serviço e a diferenciá-lo dos concorrentes.
3. Utilizar as redes sociais: as redes sociais são uma ferramenta poderosa para divulgar produtos e serviços. É importante escolher as redes sociais que mais se adequam ao público-alvo e criar conteúdo relevante e atraente.
4. Investir em publicidade online: a publicidade online pode ajudar a atingir um público maior e direcionar as campanhas de forma mais eficaz.
5. Participar de eventos e feiras: eventos e feiras relacionados ao segmento do produto ou serviço são uma oportunidade para se conectar com potenciais clientes e parceiros.
6. Oferecer promoções e descontos: oferecer promoções e descontos pode atrair novos clientes e incentivar a fidelidade dos clientes existentes.
7. Ter um bom atendimento ao cliente: um bom atendimento ao cliente pode fidelizar os clientes existentes e atrair novos clientes por meio de indicações positivas.
8. Investir em marketing de conteúdo: criar conteúdo relevante e atraente pode ajudar a atrair e engajar o público-alvo.

Ao combinar essas estratégias, é possível criar uma campanha de marketing eficaz para divulgar e vender um produto ou serviço. É importante testar e ajustar as estratégias com base nos resultados obtidos e no feedback dos clientes para garantir que as estratégias estejam alcançando os objetivos definidos.

capítulo 7.7

Marketing e branding: estratégias de marketing e branding para promover e posicionar seu empreendimento inovador

Marketing e branding: estratégias de marketing e branding para promover e posicionar seu empreendimento inovador

O marketing e branding são fundamentais para promover e posicionar um empreendimento inovador no mercado. É importante que os empreendedores desenvolvam estratégias de marketing e branding que sejam adequadas ao seu público-alvo e ao tipo de negócio que estão oferecendo.

Aqui estão algumas estratégias de marketing e branding que os empreendedores podem usar para promover e posicionar seu empreendimento inovador:

1. Conheça o seu público-alvo: é importante que os empreendedores conheçam bem o seu público-alvo e entendam suas necessidades e desejos. Isso permite que os empreendedores criem produtos e serviços que atendam às necessidades de seus clientes e desenvolvam mensagens de marketing eficazes.
2. Crie uma identidade visual forte: a identidade visual é importante para o branding de um empreendimento inovador. Isso inclui o logotipo, as cores, as fontes e outros elementos visuais que são usados para representar a marca. É importante que a identidade visual seja atraente e memorável.
3. Desenvolva uma mensagem clara e consistente: a mensagem de marketing deve ser clara, concisa e consistente em todos os canais de comunicação. Isso inclui o site, as redes sociais, os anúncios e outras formas de comunicação com o público.
4. Use o marketing digital: o marketing digital é uma forma eficaz de promover um empreendimento inovador. Isso inclui o uso de SEO, anúncios online, marketing de conteúdo e outras técnicas de marketing digital.
5. Invista em relações públicas: as relações públicas são importantes para promover a imagem de uma empresa e desenvolver a reputação da marca. Os empreendedores podem investir em relações públicas através de eventos, parcerias estratégicas e outras iniciativas.
6. Monitore o desempenho: é importante que os empreendedores monitorem o desempenho de suas estratégias de marketing e branding e façam ajustes conforme necessário. Isso pode incluir a análise de dados de desempenho, como as taxas de conversão e o retorno sobre o investimento.

Em resumo, o marketing e branding são essenciais para promover e posicionar um empreendimento inovador no mercado. Os empreendedores devem conhecer seu público-alvo, desenvolver uma identidade visual forte, criar uma mensagem clara e consistente, usar o marketing digital, investir em relações públicas e monitorar constantemente o desempenho de suas estratégias de marketing e branding.

capítulo 8

Como aprender com os erros e melhorar continuamente

Aprender com os erros é fundamental para o crescimento pessoal e profissional. Algumas estratégias para aprender com os erros e melhorar continuamente são:

1. Refletir sobre os erros: é importante refletir sobre os erros cometidos e analisar as causas para entender o que deu errado e como evitar que aconteça novamente.
2. Identificar as lições aprendidas: é importante identificar as lições aprendidas com os erros cometidos e anotá-las para lembrar no futuro.
3. Buscar feedback: buscar feedback de outras pessoas pode ajudar a identificar pontos de melhoria e evitar erros futuros.
4. Estabelecer metas de melhoria: é importante estabelecer metas de melhoria com base nas lições aprendidas para evitar cometer os mesmos erros novamente e melhorar continuamente.
5. Buscar aprendizado constante: buscar aprendizado constante por meio de cursos, livros, mentorias, entre outros recursos, pode ajudar a adquirir novas habilidades e conhecimentos e evitar erros futuros.
6. Aceitar a responsabilidade: é importante aceitar a responsabilidade pelos erros cometidos e não culpar os outros ou as circunstâncias.
7. Ser resiliente: a resiliência é fundamental para aprender com os erros e melhorar continuamente. É importante não desistir diante dos obstáculos e buscar soluções criativas para superá-los.

Ao seguir essas estratégias, é possível aprender com os erros e melhorar continuamente, o que é fundamental para o sucesso pessoal e profissional.

capítulo 8.8

Como se inspirar em casos de sucesso de empreendedores inovadores

Para se inspirar em casos de sucesso de empreendedores inovadores, é importante seguir alguns passos:

1. Identifique empreendedores inovadores de sucesso: faça pesquisas e estude casos de empreendedores inovadores que alcançaram sucesso em sua área de atuação. Analise suas histórias, suas estratégias e seus desafios superados.
2. Analise os princípios e valores dos empreendedores: observe os princípios e valores dos empreendedores inovadores que você admira. Veja como eles conduzem seus negócios e como se relacionam com funcionários, clientes e fornecedores.
3. Estude as estratégias de negócios: analise as estratégias de negócios utilizadas pelos empreendedores inovadores que você admira. Veja como eles abordaram os desafios do mercado e como se diferenciaram da concorrência.
4. Aprenda com as falhas e desafios: observe as falhas e desafios enfrentados pelos empreendedores inovadores que você admira. Entenda como eles superaram esses obstáculos e transformaram os fracassos em oportunidades de aprendizado.
5. Crie sua própria visão: a partir da análise dos empreendedores inovadores que você admira, crie sua própria visão e estratégia de negócios. Não se limite a copiar as estratégias utilizadas pelos outros, mas sim adapte-as ao seu próprio contexto e realidade.

Ao se inspirar em casos de sucesso de empreendedores inovadores, é importante ter em mente que cada negócio é único e que não existe uma fórmula mágica para o sucesso. No entanto, estudar e aprender com as estratégias de empreendedores inovadores pode ajudá-lo a encontrar inspiração e a criar estratégias que funcionem para você e seu negócio.

capítulo 9

Recrutamento e gestão de talentos: como recrutar e gerenciar uma equipe talentosa e comprometida com a inovação

Recrutamento e gestão de talentos: como recrutar e gerenciar uma equipe talentosa e comprometida com a inovação
Recrutar e gerenciar uma equipe talentosa e comprometida com a inovação é um fator crítico de sucesso para um empreendimento inovador. Para construir uma equipe forte, os empreendedores precisam entender as habilidades e competências necessárias para o sucesso de seu negócio.
Aqui estão algumas estratégias para recrutar e gerenciar talentos para um empreendimento inovador:

1. Defina as habilidades e competências necessárias: para construir uma equipe forte, os empreendedores devem definir claramente as habilidades e competências necessárias para o sucesso de seu negócio. Isso ajudará a identificar os candidatos ideais para as posições.
2. Crie uma cultura de inovação: é importante que a cultura da empresa seja voltada para a inovação. Isso atrairá candidatos que estão motivados a trabalhar em um ambiente criativo e que valoriza ideias inovadoras.
3. Use canais de recrutamento adequados: para encontrar candidatos qualificados, é importante usar os canais de recrutamento adequados. Isso pode incluir anúncios em sites de empregos, indicações de funcionários, redes sociais e eventos de networking.
4. Realize entrevistas de seleção eficazes: as entrevistas de seleção são uma oportunidade para avaliar os candidatos e identificar aqueles que são mais adequados para as posições disponíveis. É importante que as entrevistas sejam bem planejadas e que os entrevistadores estejam preparados para fazer perguntas relevantes.
5. Ofereça benefícios e salários competitivos: para atrair e reter talentos, é importante oferecer benefícios e salários competitivos. Isso ajudará a garantir que os funcionários permaneçam engajados e motivados para trabalhar na empresa.
6. Promova o desenvolvimento profissional: é importante que os empreendedores invistam no desenvolvimento profissional de seus funcionários. Isso inclui a oferta de treinamentos, workshops e outras oportunidades de aprendizado para que os funcionários possam adquirir novas habilidades e competências.
7. Proporcione um ambiente de trabalho agradável: um ambiente de trabalho agradável pode ser um fator motivador para os funcionários. Isso inclui o fornecimento de um espaço de trabalho confortável e seguro, o uso de tecnologias e ferramentas atualizadas e a promoção de um clima de colaboração e respeito mútuo entre os funcionários.

Em resumo, recrutar e gerenciar talentos é fundamental para o sucesso de um empreendimento inovador. Para isso, é importante definir as habilidades e competências necessárias, criar uma cultura de inovação, usar canais de recrutamento adequados, realizar entrevistas de seleção eficazes, oferecer benefícios e salários competitivos, promover o desenvolvimento profissional e proporcionar um ambiente de trabalho agradável.

capítulo 10

Conclusão

 chaves para o futuro do empreendedorismo e inovação e dicas para colocar suas ideias em prática.

A conclusão deste eBook destaca a importância do empreendedorismo e inovação para o sucesso nos negócios e o papel crucial que ambos desempenham na construção de um futuro próspero e sustentável. Nós exploramos as várias facetas do empreendedorismo e inovação, incluindo definições, tipos, características de empreendedores bem-sucedidos, tipos de inovação, como inovar, identificação de oportunidades de negócios, desenvolvimento de modelos de negócios, financiamento, gerenciamento de riscos, marketing e branding e recrutamento e gestão de talentos.

Para colocar em prática as ideias discutidas neste eBook, é fundamental que os empreendedores estejam abertos a novas ideias, aprendam com os erros e busquem constantemente formas de melhorar e inovar em seus negócios. O empreendedorismo e a inovação são processos contínuos que requerem trabalho árduo e dedicação, mas que podem levar ao sucesso empresarial e pessoal.

Lembre-se sempre de manter o foco em seus objetivos, ser persistente e aprender com as falhas. Com as chaves do empreendedorismo e inovação em mãos, você estará no caminho certo para alcançar seus sonhos e construir um futuro de sucesso para você e sua empresa.